AF269804

Maite Corroto

Agenda del Reiki 2025

EDICIONES OBELISCO

Agenda del Reiki 2025

Diseño de cubierta: Carol Briceño, sobre una ilustración de Xènia de Armengol
Diseño artístico interior: Xènia de Armengol

© 2024, Maite Corroto Garfia
(Reservados todos los derechos)
© 2024, Ediciones Obelisco, S. L.
Collita, 23-25. Pol. Ind. Molí de la Bastida, 08191 Rubí - Barcelona
Tel. 93 309 85 25 / E-mail: info@edicionesobelisco.com
(Reservados todos los derechos para la lengua española)

Impreso en Gràfiques Martí Berrio, S. L.
c/ Llobateres, 16-18, Tallers 7 - Nau 10. Polígono Industrial Santiga.
08210 - Barberà del Vallès - Barcelona

ISBN: 978-84-1172-149-3

Printed in Spain

Agradecimientos

Ellos me conectan al futuro, sus logros, sus aventuras, sus cuitas, sus alegrías y sus tristezas me hacen ver el mundo a través de sus ojos.

Ellos me trasladan a un tiempo que ya no es mío, sin embargo, me dejan que los acompañe.

Estoy siendo testigo de una visión del mundo que cambia vertiginosamente y ellos me dan la mano, tiran de mí.

¡Mis hijos! Son mi mejor magia. Todo mi agradecimiento por haberme elegido como madre, por todo lo que me enseñáis, por la forma en que me engancháis a la vida, cada uno de vosotros.

Mi amor incondicional hasta el infinito y volver infinitas veces. Vosotros ya sabéis.

Ariadna y Edgar.

¡Gracias, gracias, gracias!

Referencia sobre la Agenda

Este año la Agenda está dedicada íntegramente a la magia de la vida.

¿Hay algo más mágico que vivir? Y sin embargo nos acostumbramos a este gran milagro y perdemos lentamente su «magia» y su «valor» persiguiendo objetivos ajenos, normas impuestas, metas ficticias y mucho más, que nos hace olvidar nuestra intuición, nuestra sincronía con la vida, con el universo, con la naturaleza y con todos los seres que habitan en ella.

Después de llevar más de media vida vivida, todo adquiere otra dimensión, hay cosas que dejan de ser importantes y otras pasan a primer lugar. Cuando lo que te queda por vivir es mucho menos de lo que has vivido, todo se pone en su lugar y, aunque sé que cada ser tiene sus propios procesos, no puedo dejar de señalarte y compartir contigo esta experiencia porque ya sabes que hay dos formas de aprender:

1. Experiencia personal.
2. La experiencia ajena aplicada a nuestra vida y a nosotros mism@s.

¡La vida y su magia! Esta Agenda la he dedicado a diferentes vertientes de ella, porque sin la magia la vida es muy aburrida y a la vez muy dura e inhóspita.

Hace poco hice un taller de escritura en el que me preguntaban qué cualidad conservaba de la Maite niña y surgió enseguida: ¡soy disfrutona!

Me encanta creer, dejarme sorprender, vivir con emoción, descubrir y dar rienda suelta a mi curiosidad, observar con ojos infantiles, con su sorpresa e inocencia, y no dejo que los sinsabores alteren mi mirada.

Amig@, cada un@ somos responsables de nosotr@s mism@s y ésa es una decisión que cambia la vida para siempre. No lo olvides.

Así, envuelta en mi deseo de que este año te acompañen cosas muy especiales, la Agenda de este año incluye:

Trimestre I: La Magia
Trimestre II: Naturaleza mágica
Trimestre III: Rituales
Trimestre IV: Recopilación

La aventura de este año está servida, objetivo: renovar tu magia.
Vamos a vivirla junt@s.

Reiki

Este año me gustaría acercarte a los orígenes del Reiki, aportándote datos contrastados para un mayor conocimiento, porque aquello que conocemos fomenta nuestra confianza y hace que crezca su valor para nosotros.

El maestro USUI MIKAO nació en 1865, primer año del período Keio. Ya desde muy joven se mostró inquieto con respecto a cuestiones transcendentales de la vida, lo que le empujó a abandonar su pueblo natal en la prefectura de Gifu. Así, tras unas cuantas vicisitudes, llegó a la conclusión de que el propósito de la vida era alcanzar el ANSHIN RITSUMEI, que es el estado de máxima paz interior. Para ello realizó prácticas de Zen en el templo de Kioto, pero no lograba su objetivo. Por ese motivo, decidió iniciar un ayuno en el monte Kurama, y allí se sintonizó con la energía universal y entendió que dicha energía es la que transforma el universo y el camino para no vibrar con la enfermedad y alcanzar la paz.

La meta del Reiki es elevar tu nivel vibratorio porque ya se ha demostrado científicamente que el universo y todo lo que éste contiene vibra.

Vivimos rodeados de vibraciones, unas nos son afines y otras no, y eso, reflexiona, explica muchas cosas. Hay muchos tipos de vibraciones sanadoras y una de ellas es el Reiki, que es la energía del Amor que nos sana cuando vibramos de forma afín con él y su forma de transmisión principal son las manos, pero también emanas esa energía a través de los ojos y del cuerpo. De esta forma, ahora entendemos que ¡hay personas medicina! Sin duda, porque su vibración nos ayuda a reconectar.

Como has podido deducir el Reiki no sólo es una terapia, sino también una forma de vivir, un camino de vida que vas construyendo día a día guiado por el GOKAI, los cinco principios del Reiki. En ellos encontrarás una dirección clara para tu vida y, si te parecen simples, intenta seguirlos todos los días y valora cada momento de tu presencia plena.

Si deseas profundizar en ellos, léelos cada mañana al abrir los ojos a un nuevo día para que te guíen, y vuélvelos a leer al finalizarlo para abrazar tus logros y errores por igual a fin de que crezcas y evoluciones.

Aquí te dejo un poema del emperador Meiji:

«Aunque seamos tan prósperos como para hartarnos y aburrirnos, nunca descuidemos el cultivo de nosotros mismos».

Reiki / Inspiración

El Reiki se convierte en un gran aliado para tu propia evolución.

Déjate inspirar por él y contagia por donde vayas tu vibración, porque todos somos llamados para mantener este equilibrio entre la luz y la oscuridad. Estés o no iniciad@, sus normas son una guía lúcida para vivir.

Sus sencillos preceptos, tan fáciles de recordar como difíciles de aplicar, son:

1. ***No te enojes.*** Mantén el equilibrio entre tu espíritu y tus emociones. Vive en paz y con alegría.

2. ***No te pre-ocupes.*** Cuando ya has hecho todo lo que puedes, entrégaselo al universo. Mantente en paz.

3. ***Sé agradecido.*** Agradece siempre porque el agradecimiento te lleva a resonar con el universo.

4. ***Trabaja duro.*** Haz al máximo nivel lo que te toca, esto atraerá el progreso a tu vida.

5. ***Sé amable con los demás.*** Sé uno con los demás, es la práctica del amor y la armonía.

Ejercicio 1

Carta de amor para ti.

Sí, ya sé que quizá digas: «¡Otra vez!». Es que me gustaría que adquiriéramos el hábito de iniciar el año no solamente con nuevos objetivos, algo que está bien sin duda, sino también con agradecimiento por lo que cada uno ha realizado durante el año, por nuestro tesón, nuestro coraje.

Iniciar un nuevo año con una carta de amor para ti mism@ es una garantía de disfrutar un buen año. Yo deseo acompañarte en este nuevo hábito lleno de potencia y de poder transformador.

Dinero / Inspiración

El dinero no nos vuelve peores personas. La persona justa sigue siendo justa, con dinero y sin él. La persona empática, lo es con y sin dinero, es más, seguramente si lo tiene empleará una parte en beneficio de la comunidad. El orden, la solidaridad, el bien común es una forma de educación en valores beneficiosos para todos.

Así es que no renuncies a él. Todos lo necesitamos. Vivimos aquí y ahora, y la suciedad del dinero está en nuestra mirada.

Organízalo, valóralo, gestiónalo, sea mucho o poco. Haz crecer aquello en lo que pones tu energía, sin remordimientos, sin autosabotajes.

Sin dinero no podemos crecer. Nos asalta la angustia y, como decía William Somerset:

«El dinero es como un sexto sentido, sin él no podríamos desarrollar los otro cinco».

Distribución de mi dinero

Primer trimestre

	Enero	Febrero	Marzo
Comida			
Hipoteca/Alquiler			
Luz/Agua/Gas			
Viajes			
Telefonía			
Restaurantes			
Ocio			
Caprichos			
Cumpleaños/Regalos			
Extras			
Totales			

Objetivo de ahorro del mes

¿Por qué deseo ahorrar? ______________________________

____

____

____

¿Para qué? ______________________________

____

____

____

Distribución de mi dinero

Segundo trimestre

	Abril	Mayo	Junio
Comida			
Hipoteca/Alquiler			
Luz/Agua/Gas			
Viajes			
Telefonía			
Restaurantes			
Ocio			
Caprichos			
Cumpleaños/Regalos			
Extras			
Totales			

Objetivo de ahorro del mes

¿Por qué deseo ahorrar? _______________________________________

____

____

____

¿Para qué? _______________________________________

____

____

Distribución de mi dinero

Tercer trimestre

	Julio	Agosto	Septiembre
Comida			
Hipoteca/Alquiler			
Luz/Agua/Gas			
Viajes			
Telefonía			
Restaurantes			
Ocio			
Caprichos			
Cumpleaños/Regalos			
Extras			
Totales			

Objetivo de ahorro del mes

¿Por qué deseo ahorrar? ______________________________

____

____

____

¿Para qué? ____

____

____

____

Distribución de mi dinero

Cuarto trimestre

	Octubre	Noviembre	Diciembre
Comida			
Hipoteca/Alquiler			
Luz/Agua/Gas			
Viajes			
Telefonía			
Restaurantes			
Ocio			
Caprichos			
Cumpleaños/Regalos			
Extras			
Totales			

Objetivo de ahorro del mes

¿Por qué deseo ahorrar? _______________________________

____

____

____

¿Para qué? _______________________________

____

____

Calendario lunar 2025

Enero

1	2	3	4	5
◑ 7	8	9	10	11	12
13 ○	15	16	17	18	19
20 ◐	22	23	24	25	26
27	28	●	30	31

Febrero

1	2
3	4	◑ 6	7	8	9
10	11	12	○ 14	15	16
17	18	◐ 20	21	22	23
24	25	26	● 28

Marzo

1	2
3	4	5	◑ 7	8	9
10	11	12	13	○	15	16
17	18	19	20	◐	22	23
24	25	26	27	28	● 30
31

Abril

1	2	3	4	◑	6
7	8	9	10	11	12 ○
14	15	16	17	18	◐	20
21	22	23	24	25	26 ●
28	29	30

Mayo

1	2	3	◑
5	6	7	8	9	10	11
○ 13	14	15	16	17	18
◐ 20	21	22	23	24	25
26 ●	28	29	30	31

Junio

| 1 |
2 ◑	4	5	6	7	8
9	10	○	12	13	14	15
16 ◐	18	19	20	21	22
23	24	●	26	27	28	29
30

Julio

1	◑	3	4	5	6
7	8	9	○	11	12	13
14	15	16	◐	18	19	20
21	22	23	24	●	26	27
28	29	30	31

Agosto

◑	2	3
4	5	6	7	8	○	10
11	12	13	14	15	◐	17
18	19	20	21	22	23 ●
25	26	27	28	29	30 ◑

Septiembre

1	2	3	4	5	6	○
8	9	10	11	12	13 ◑
15	16	17	18	19	20	21
●	23	24	25	26	27	28
◑ 30

Octubre

1	2	3	4	5
6	○	8	9	10	11	12
13 ◑	15	16	17	18	19
20	21	●	23	24	25	26
27	28	◑	30	31

Noviembre

1	2
3	4	○	6	7	8	9
10	11	◑	13	14	15	16
17	18	19	●	21	22	23
24	25	26	◑	28	29	30

Diciembre

1	2	3	4	○	6	7
8	9	10	11	◑	13	14
15	16	17	18	19	●	21
22	23	24	25	26	◑	28
29	30	31

Planning del año

	Enero	Febrero	Marzo	Abril	Mayo	Junio
1	X	S	S	M	J	D
2	J	D	D	X	V	L
3	V	L	L	J	S	M
4	S	M	M	V	D	X
5	D	X	X	S	L	J
6	L	J	J	D	M	V
7	M	V	V	L	X	S
8	X	S	S	M	J	D
9	J	D	D	X	V	L
10	V	L	L	J	S	M
11	S	M	M	V	D	X
12	D	X	X	S	L	J
13	L	J	J	D	M	V
14	M	V	V	L	X	S
15	X	S	S	M	J	D
16	J	D	D	X	V	L
17	V	L	L	J	S	M
18	S	M	M	V	D	X
19	D	X	X	S	L	J
20	L	J	J	D	M	V
21	M	V	V	L	X	S
22	X	S	S	M	J	D
23	J	D	D	X	V	L
24	V	L	L	J	S	M
25	S	M	M	V	D	X
26	D	X	X	S	L	J
27	L	J	J	D	M	V
28	M	V	V	L	X	S
29	X		S	M	J	D
30	J		D	X	V	L
31	V		L		S	

Planning del año

	Julio	Agosto	Septiembre	Octubre	Noviembre	Diciembre
1	M	V	L	X	S	L
2	X	S	M	J	D	M
3	J	D	X	V	L	X
4	V	L	J	S	M	J
5	S	M	V	D	X	V
6	D	X	S	L	J	S
7	L	J	D	M	V	D
8	M	V	L	X	S	L
9	X	S	M	J	D	M
10	J	D	X	V	L	X
11	V	L	J	S	M	J
12	S	M	V	D	X	V
13	D	X	S	L	J	S
14	L	J	D	M	V	D
15	M	V	L	X	S	L
16	X	S	M	J	D	M
17	J	D	X	V	L	X
18	V	L	J	S	M	J
19	S	M	V	D	X	V
20	D	X	S	L	J	S
21	L	J	D	M	V	D
22	M	V	L	X	S	L
23	X	S	M	J	D	M
24	J	D	X	V	L	X
25	V	L	J	S	M	J
26	S	M	V	D	X	V
27	D	X	S	L	J	S
28	L	J	D	M	V	D
29	M	V	L	X	S	L
30	X	S	M	J	D	M
31	J	D		V		X

Trimestre 1

La magia

¡Qué concepto más amplio y, en cierta forma, maltratado, mal entendido y en muchas ocasiones relegado a un mundo infantil!

¿Crees en la magia? En la magia de la vida, en los encuentros mágicos, en los poderes que se aúnan cuando vamos por la senda adecuada y nos sentimos bien, con el universo conspirando para llegar a donde con tanto ahínco hemos trabajado y deseado. Yo sí creo en la magia. La he visto en acción muchas veces a lo largo de mi vida, la he visto actuar en mí y en los demás. No obstante, hay ciertos requisitos que vamos a ir subrayando a lo largo de este trimestre para que puedas contactar con ella. He elegido este tema para abrir el año por varios motivos:

1. *Es una época de introspección natural de los humanos y de la naturaleza.*
2. *Nuestra creatividad como consecuencia de lo anterior se intensifica.*
3. *Nuestra intuición se agudiza.*
4. *Es una época natural de trabajo.*
5. *Nuestra observación ante la quietud se intensifica.*

Y eso es lo que te voy a proponer a lo largo del trimestre. Observar, trabajar con una nueva mirada, recopilar experiencias «mágicas» para percibir toda la magia que hay en ti y a tu alrededor.

Unos hilos mágicos de «casualidades» y «causalidades» me han conducido hasta aquí y me hacen tejer este primer trimestre de forma hermosa, para que, si has perdido «la magia» la encuentres de nuevo; si hace tiempo que no la sientes, la vuelvas a re-sentir, y si no la has sentido nunca, esta Agenda y este trimestre te ayuden a encontrar aquello que deseaste y se escapó de entre tus manos:

«la magia».

A mí me encanta que me llamen *Bruja*, pues me hace sentir que estoy alineada con el universo y que escucho y entiendo sabiamente mi intuición.

Adentrémonos en este trimestre misterioso, dejando que nuestros sentidos se aúnen y tejan su magia.

Coge mi manos. ¡Vamos!

Diciembre / Enero

30 Lunes

31 Martes

1 Miércoles

2 Jueves

3 Viernes

Enero

«Es importante recordar que todos tenemos magia dentro de nosotros».
J. K. ROWLING

4   Sábado

5   Domingo

Enero

6 Lunes

7 Martes

8 Miércoles

9 Jueves

10 Viernes

Enero

«El amor incondicional es lo más mágico que existe.
Puedes ser transformado, cambiado, modelado
y creado con esta sorprendente energía».
BERNADETTE OALLEY

11 Sábado

12 Domingo

La magia está en ti

Diario mágico

¡Eres un ser mágico! En ti confluye la energía universal. Tienes todas las capacidades para aprender de todo lo embrionario que hay en ti.

Para tomar contacto con tu propia magia, te hago una primera propuesta: poner en marcha tu diario mágico. Escribe en él hechos ocurridos, sensaciones, momentos en los que hayas sido embargad@ por la sensación de la magia. No te pido que lo pienses, que lo razones, ni que lo analices, basta con que revivas la sensación de magia. Escribe sobre este hecho.

Enero

13 Lunes

14 Martes

15 Miércoles

16 Jueves

17 Viernes

«¿Nervioso?
El poder del pensamiento es la magia de la mente».
ANÓNIMO

---

18 Sábado

---

19 Domingo

---

20 Lunes

---

21 Martes

---

22 Miércoles

---

23 Jueves

---

24 Viernes

«Existe la magia, pero tú tienes que ser el mago,
debes hacer que la magia ocurra».
SIDNEY SHELDON

25 Sábado

26 Domingo

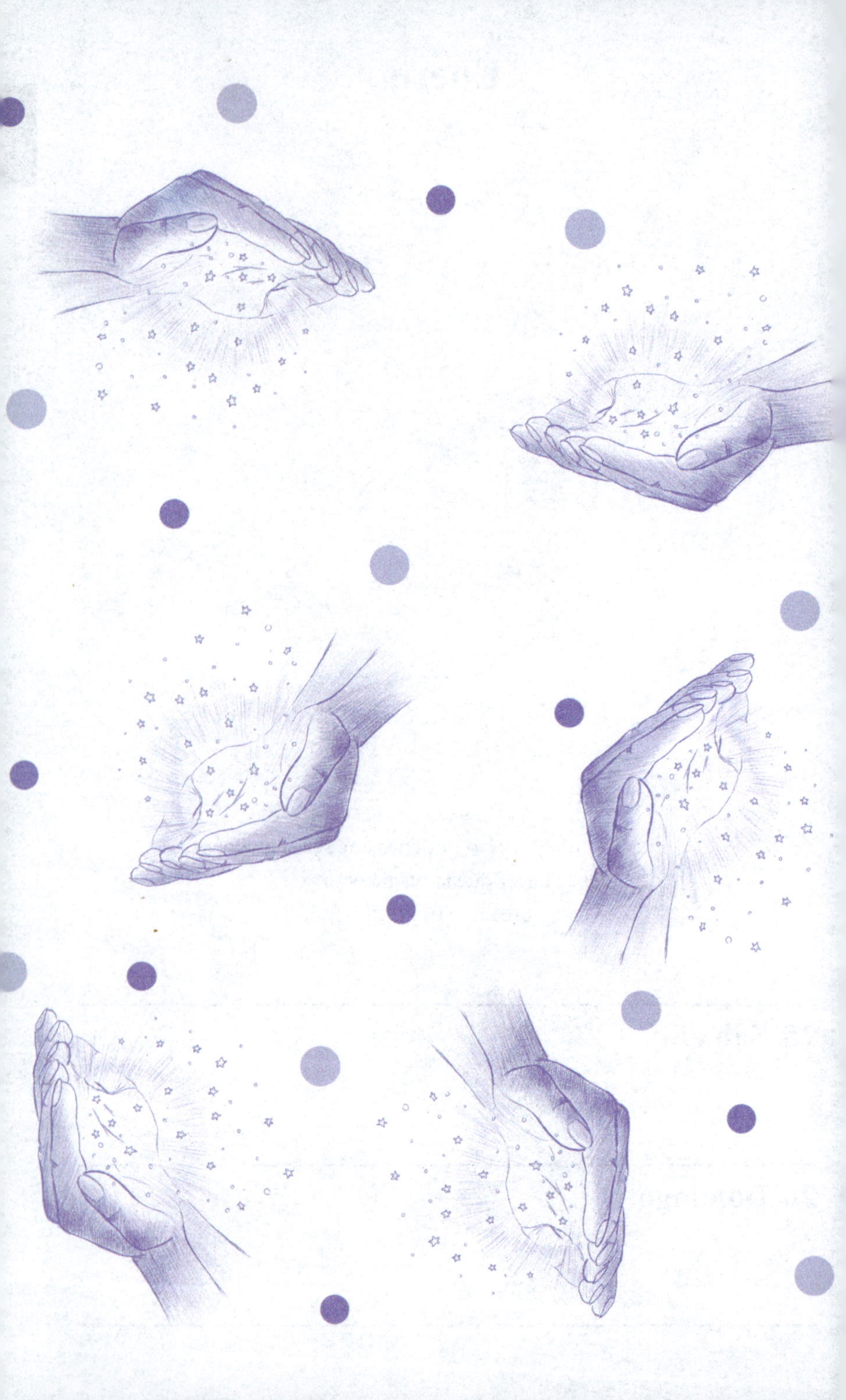

Enero

27 Lunes

---

28 Martes

---

29 Miércoles

---

30 Jueves

---

31 Viernes

Febrero

«La forma más elemental de la magia es el cambio».

B. Oalley

1   Sábado

2   Domingo

3 Lunes

4 Martes

5 Miércoles

6 Jueves

7 Viernes

Febrero

«Vivir mágicamente es lo más bello
que puede conseguir tu alma».
B. Oalley

---

8   Sábado

---

9   Domingo

Febrero

10 Lunes

11 Martes

12 Miércoles

13 Jueves

14 Viernes

Febrero

«Aquellos que creen en la magia
están destinados a encontrarla».
Anónimo

15 Sábado

16 Domingo

Reiki, magia y energía

¿Acaso no es mágico poder transmitir la energía a través de tus manos?

Independientemente de que estés iniciad@ en Reiki o no, nuestros pensamientos son energía, nosotros somos energía. Estar vivos nos confiere ese agradable calor, ese impulso que nos transciende y que emanamos hacia los demás.

Ejercicio

Si estás iniciad@, conéctate al Reiki; si no lo estás, cierra los ojos y sigue la misma pauta como si lo estuvieras.

Sitúa tus manos en el centro de tu pecho, sintiendo como de él emana el calor del Reiki. Siente que las palmas de tus manos son un foco de energía y crea en ellas el Choku Rei, para que se abran y estén protegidas. Crea un Choku Rei delante de ti, a tu altura, y da un paso adelante para fundirte en él, para que te inunde, limpie y proteja.

¿Qué color te gusta?

Visualiza que de tus manos sale esa luz del color que has pensado y que tanto te gusta, o ese arcoíris de colores y que puedes dirigirlo hacia las personas que quieres ayudar, consolar o acompañar.

- Si están en la habitación contigo, obsérvalas.

- Si no lo están, visualiza en tu mente que les llega la energía de ese color.

- Si percibes algún cambio por sutil que sea, anótalo en tu diario de magia. Los cambios son sutiles. Piensa que eres un aprendiz.

- Observa con tu mirada mágica lo que ocurre cada día a tu alrededor.

- Utiliza esa energía que sale de tus manos para ayudar en tu entorno.

¡Déjate sorprender por tu magia!

Febrero

17 Lunes

18 Martes

19 Miércoles

20 Jueves

21 Viernes

Febrero

«Un poco de magia te puede llevar muy lejos».
Roald Dahl

22 Sábado

23 Domingo

---

24 Lunes

---

25 Martes

---

26 Miércoles

---

27 Jueves

---

28 Viernes

Marzo

«El mundo está lleno de magia que espera
pacientemente a que nuestro ingenio se afine».
BERTRAND RUSSELL

---

1 **Sábado**

---

2 **Domingo**

Lo importante de la magia es este principio

«Tú estás donde está tu atención».

En muchas ocasiones lo utilizamos de forma inconsciente y nos produce alteraciones el hecho de no estar alineados con nuestro momento (el aquí y el ahora). Sin embargo, lo podemos utilizar a nuestro favor si lo hacemos de forma consciente.

En el QR te propongo un experimento para que lo hagas conmigo y te ayude a comprobar lo antes dicho. ¿Te atreves?

¿Qué te ha parecido? Sorprendente, ¿no?

Observa todo tu cuerpo, cómo se siente. ¿Reconfortado? Los baños mágicos de energía sientan muy bien.

Cada vez que te sientas, floj@, inquiet@…, conéctate a este ejercicio y a este QR.

____

____

____

____

____

Marzo

3 Lunes

4 Martes

5 Miércoles

6 Jueves

7 Viernes

Marzo

«Las palabras son, en mi no tan humilde opinión, nuestra más inagotable
fuente de magia, capaces de infringirnos daño y de remediarlo».
Dumbledore

---

8   Sábado

---

9   Domingo

Marzo

10 Lunes

11 Martes

12 Miércoles

13 Jueves

14 Viernes

Marzo

«El mundo se ha hecho de la confianza, la fe,
así como del polvo de hadas».
CAMPANILLA

15 Sábado

16 Domingo

Marzo

17 Lunes

18 Martes

19 Miércoles

20 Jueves

21 Viernes

«La magia existe. ¿Quién puede dudarlo cuando hay arcoíris, flores silvestres, la música del viento y el silencio de las estrellas?».
NORA ROBERTS

22 Sábado

23 Domingo

Propuesta de actividad

¡Haz tu propia varita de poder!

¿Quieres estar en contacto con tu magia y hacerla crecer?

¡Hazte tu varita mágica!

Esta actividad es tan bonita y placentera que la puedes compartir con tus hij@s, sobrin@s, amig@s o incluso alguien de tu alrededor que haya perdido la fe en sí mism@.

Lo ideal es hacerla con una rama de árbol, puede ser de avellano o de roble (el árbol de los druidas celtas) e incluso de olivo, un árbol alegre y parlanchín.

Pasea en silencio por un bosque, observando qué rama te llama la atención. Debe ser recta, de unos 40 cm. Tras respirar hondo, abandónate a tu intuición. Pasea con el corazón abierto y dispuest@ a escuchar para llegar hasta tu rama.

- La situación ideal es cortarla a la luz de la Luna, cuando empieza a caer la tarde, tras haberle pedido permiso al árbol y dándole las gracias por ofrecértela. Si no puede ser al atardecer, deja que el Sol te guíe.

- La varita te ha elegido a ti. Tiene toda la información energética del árbol, su sabiduría y su calma.

- Puedes grabar en sus ramas símbolos de Reiki, Choku Rei, Sei He Ki o aquellos que acudan a tu corazón, runas, sellos… Disfruta mientras lo haces y que sea un verdadero acto de creación y de poder para ti. Hazlo con respeto y conciencia.

- Si estás iniciad@ en Reiki, mantén tu varita en tu mano dominante. Contacta con la energía del Reiki y siente como tu varita forma parte de ti, pasando a través de ella la energía. Repite este ejercicio varias veces, hasta que sientas que el Reiki circula a través de ella, dejándola dispuesta para enfocar hacia donde lo necesites.

• El aspecto de tu varita de poder depende de ti. Puedes mantenerla con su aspecto original o bien forrarla de una lámina de plata o de oro e incorporar cuarzo en su punta. (Esto le da rapidez a la circulación energética). También con este mismo objetivo puedes buscar una punta de coralina, que es un mineral muy activo, o de amatista, un mineral que transmutará la energía densa en una energía vibrante y pura.

• Una vez la hayas confeccionado, mírala, sostenla entre las manos. Acostúmbrate a su peso, conéctate a ella y conócela. Y recuerda: ¡no la puede tocar nadie más que tú!

• Acostúmbrate a trabajar con ella, dejando depósitos de energía en tu silla, en tu cama, en la puerta de tu casa… Recarga con ella tus hierbas, aceites…, la lista es casi infinita para que repartas tu magia y tu amor.

Pon la intención de que tu energía pase a través de ella y practica. Pronto verás cambios positivos y disfrutarás de una sensación de bienestar intensa.

Te pido un favor, hazme llegar tu experiencia con esta creación. Me gustará saber cómo te ha ido y, si tienes alguna duda, estoy dispuesta a ayudarte. Ya sabes que puedes contactar conmigo a través de mis redes sociales.

¿Qué tal una foto en mi Instagram de tu varita?

Me encantaría.

Marzo

24 Lunes

25 Martes

26 Miércoles

27 Jueves

28 Viernes

Marzo

«Cuando entras en contacto con la magia,
nada vuelve a ser igual».
CHARLES DE LINT

29 Sábado

30 Domingo

Información final de trimestre

Me ha apasionado tanto este trimestre, compartirlo contigo, que te regalo más información adicional.

¿Qué es una varita mágica?

Una varita mágica implica una responsabilidad profunda de poder.

Un poder sobre tu mente, sobre los elementos y, sobre todo, una sabiduría profunda en tu propia gestión sobre ti mism@, porque no hay un trabajo más difícil que el que realizamos con nosotr@s mism@s.

Pero no solamente las hadas y los magos ostentan una vara de poder. Acuérdate del cetro de los reyes, que en verdad es una vara de poder, un símbolo que ostenta la realeza. El rey señala con ella su estatus, su poder sobre los demás y su responsabilidad.

Los papas de la Iglesia católica durante mucho tiempo también han llevado varas de poder en ciertos ritos, aunque actualmente han quedado reservadas para momentos muy concretos. La vara, pues, representa su responsabilidad y su poder.

Una vara común que vemos cada cuatro años y que nos pasa desapercibida es la que se otorga a los nuevos alcaldes cuando toman posesión de su cargo en cualquier municipio de nuestro país como reconocimiento del máximo poder municipal.

¡Ya ves! La magia está oculta en nuestro día a día, sólo es perceptible para aquel que sabe observar.

Curiosidades mágicas

La vocal A tiene una potente vibración que fortalece el corazón, la glándula timo y los pulmones.

De ahí proviene la palabra «abracadabra». Como los sabios sabían de este poder, utilizaban esta palabra. Su origen puede provenir de la expresión en arameo *«avrah kahdabra»* que traducido sería «yo creo como hablo». O quizá de la expresión hebrea *«aberah kedabar»*, cuyo significado es «iré creando conforme hable». En la actualidad hemos perdido su sentido y se ha conformado como una palabra que se utiliza en los espectáculos de ilusionismo y repetimos hasta la saciedad, sin saber realmente que esa vibración nos puede ayudar.

Si lo quieres probar, respira hondo y emite el sonido AAAAAA, cada día unos minutos y ya verás como tu cuerpo responderá a sus beneficios.

La magia de la vibración. Somos vibración.

Trimestre II

Naturaleza mágica

Este año, la Agenda describe un camino, desde un concepto genérico avanzando en diferentes formas de concretarlo.

Pretendo que, a lo largo de la misma, descubras sobre todo aquello que te pasa desapercibido en tu día a día. Lamentablemente, el ritmo de vida acelerado que llevamos hace que nuestra magia y la de nuestro planeta «nos resbale».

Acostumbrados a tantos estímulos inmediatos que nos bombardean diariamente, nos resulta difícil escapar de ellos y encarar la vida hacia la magia real. Por esta razón, haremos un ligero repaso para centrarnos.

*Hecho mágico: «la primavera» que acaba de empezar, aflora el movimiento, que se ha ido produciendo delante de nuestros ojos sin que apenas nos diéramos cuenta, durante todo el invierno, emergiendo a la luz.

*Lo ideal es adaptarnos a los ciclos naturales. Así que durante esta época vamos a observar cuanto nos rodea e, incluso, su estela a nivel colectivo, a través del lenguaje de las imágenes, los cuentos, las leyendas plagadas de las culturas…

Vamos a trabajar con el fin de transformar nuestra mirada para aprender a ver sin temor, sin tabúes y sin prejuicios, descubriendo todo aquello que está al alcance de nuestras manos, que nos beneficia y nos construye como mejores personas.

¡Me apasiona estar contigo y acompañarte en todo lo que he preparado en este trimestre! ¡Goza! ¡Disfruta! Tómate tu tiempo y no dudes de que, cuando lo haces, te refuerzas por dentro y por fuera. ¡Creces! Acercándote a tu parte invisible pero que, a la vez, se percibe con todo aquello que desprendes y vibras.

¡Vamos a gozar!

31 Lunes

1 Martes

2 Miércoles

3 Jueves

4 Viernes

Abril

«Los árboles son los esfuerzos de la Tierra
para hablar con el cielo que escucha».
RABINDRANATH TAGORE

5 Sábado

6 Domingo

Abril

7 Lunes

8 Martes

9 Miércoles

10 Jueves

11 Viernes

Abril

«La naturaleza siempre viste los colores del espíritu».
RALPH WALDO EMERSON

12 Sábado

13 Domingo

14 Lunes

15 Martes

16 Miércoles

17 Jueves

18 Viernes

Abril

«La naturaleza se complace con la simplicidad».
Isaac Newton

---

19 Sábado

---

20 Domingo

Abril

21 Lunes

22 Martes

23 Miércoles

24 Jueves

25 Viernes

Abril

«Si realmente amas la naturaleza,
encontrarás la belleza en todas partes».
Van Gogh

---

26 Sábado

---

27 Domingo

Reflexión / Actividad

El hombre desde tiempo inmemorial ha encontrado en la naturaleza su paz y no sólo eso, sino que se ha encontrado a sí mismo. Quizá en la actualidad amplios sectores de la población miran de nuevo a la naturaleza con otra mirada, a la Tierra como una entidad cómplice y no únicamente como algo a explotar, como ha venido ocurriendo hasta ahora, si no como una entidad propia, con un latir y una vida.

Sus ciclos, sus ritmos, su influencia sobre nosotros… Estoy convencida de que la humanidad ha iniciado un camino sin retorno, dirigiendo sus ojos hacia la naturaleza con conciencia. Durante muchos años, las caravanas de gente para salir los viernes de los hormigueros de las ciudades hacia lugares rurales en busca del silencio y la paz han hecho patente nuestra necesidad de buscar el sosiego en el mundo natural.

Para trabajar esa conciencia, aprovechando la primavera, te propongo esta actividad que podrás realizar de forma fácil y que te reportará grandes beneficios.

Agua

- Ves a un salto de agua (no es necesario que sean las cataratas Victoria).
- Acércate a él y busca una piedra o un lugar donde acomodarte.
- Cierra los ojos, respira hondo, siente tu cuerpo y tu piel, poniendo atención en la humedad o incluso en las microgotas que percibes.
- Relaja tu cuerpo, abandonándote al lugar y al momento.
- Siente como sube la energía por tus pies, como te cosquillea la planta.
- Tú formas parte de todo ello, escucha el sonido del agua, la humedad, el olor y, por fin, ¡disfruta! Con todos tus sentidos.

Eres el agua misma.

«Be water, my friend».
BRUCE LEE

¿Qué has sentido?

____

____

____

____

____

____

____

____

____

____

¡Los saltos de H_2O son una fuente de energía positiva que ordenan tu cuerpo físico y energético proporcionándote bienestar!

28 Lunes

29 Martes

30 Miércoles

1 Jueves

2 Viernes

Mayo

«La naturaleza no se apresura,
sin embargo, todo se lleva a cabo».
LAO TZE

---

3   Sábado

---

4   Domingo

---

5 Lunes

---

6 Martes

---

7 Miércoles

---

8 Jueves

---

9 Viernes

Mayo

10 Sábado

11 Domingo

12 Lunes

13 Martes

14 Miércoles

15 Jueves

16 Viernes

«Observa atentamente la naturaleza y, entonces,
comprenderás todo mejor».
Einstein

17 Sábado

18 Domingo

La magia de la vida

El hombre se acerca a la Tierra, desea aprovechar su magia, pero la relación se debe construir desde el respeto, porque si no la Tierra se rebela una y otra vez a fin de purificarse, de conservarse. Es imprescindible que colaboremos con ella y que le mostremos agradecimiento.

Ejercicio de equilibrado

Cuando vayas a la montaña o a la playa, planta tus pies firmes en la tierra o la arena, con las piernas separadas más o menos a lo ancho de las caderas. Si eres diestra, con el brazo laxo a lo largo de tu cuerpo gira tu mano izquierda hacia arriba, cara al Sol (sólo la mano) y giras la derecha hacia la tierra.

Libera tu mente de cualquier pensamiento. Deja que circule la energía a través de ti. Permite que de tu mano derecha salga la energía ya renovada y vuelva a la tierra.

Agradece, agradece, agradece.

Este simple ejercicio te retornará a tu equilibrio. Si estás iniciad@ en el Reiki conéctate antes de hacerlo, tus sensaciones serán más intensas todavía, y percibirás toda la circulación a través de ti.

¿Por qué será que en todas las culturas existen seres mágicos?

¿De verdad, todavía crees en la casualidad?

Figuras que han pasado de generación en generación, que ocupan un lugar en el imaginario colectivo, como hadas, elfos, gnomos, duendes, *kelpies*, ángeles… Todo un mundo tomado a broma que va desapareciendo cuando somos adultos.

En el lugar de donde procedo, hay una figuras llamadas *dones d'aigua* («mujeres de agua»). Son una especie de hadas unidas a los arroyos limpios, los saltos de agua, los ríos, los lagos, las grutas húmedas y las corrientes subterráneas, hermosas y sutiles, que habitan las aguas puras del bosque. Con largos cabellos y de gran belleza, pueden llegar a compartir su vida con un hombre del que se enamoren, colmándolo de riqueza y de una vida hermosa. Pero, si, en algún momento, éste hace pública la condición de su compañera, deja de tener todos los privilegios y es abandonado por ella, por lo que su vida se convierte en una calamidad.

Dicen que se pueden ver en la noche de San Juan, pero sin que ellas te vean y si coincide en noche de Luna llena.

19 Lunes

20 Martes

21 Miércoles

22 Jueves

23 Viernes

Mayo

«Si sirves a la naturaleza, ella te servirá a ti».
CONFUCIO

---

24 Sábado

---

25 Domingo

Mayo

---

26 Lunes

---

27 Martes

---

28 Miércoles

---

29 Jueves

---

30 Viernes

Mayo / Junio

«El paisaje creado por la naturaleza genera una profunda impresión
en el ser humano que la habita y condiciona su estado de ánimo».
LORD BYRON

---

31 Sábado

---

1 Domingo

Junio

---

2   Lunes

---

3   Martes

---

4   Miércoles

---

5   Jueves

---

6   Viernes

Junio

«No podemos vivir sin estar en contacto con la magia de la naturaleza».
Maite Corroto

---

7 **Sábado**

---

8 **Domingo**

Reiki

Querid@, si estás iniciad@ en el Reiki, te recomiendo que medites con este símbolo. Es el símbolo maestro tibetano Dai Ko Myo.

Su observación y meditación nos conduce a una expansión de conciencia que, si te encuentras en el bosque, el campo o el mar y eres regular en su contemplación, te permitirá sentir los elementos y que formas parte de ellos, tierra, agua, fuego, aire, ser bosque, ser mar, ser árbol… Sentir y entender todo lo que la Madre Tierra nos ofrece.

Si no estás iniciad@, no dejes de intentar meditar con el símbolo, puesto que ampliará tu visión y tu conciencia.

Sensaciones

Actividad

Da un bonito paseo por una zona donde te lleve tu intuición. Te propongo que dejes entrar a la naturaleza a través de tus ojos: los colores, su forma, su sonido…, toda la belleza que encierra. ¡Respírala! Siéntete parte del todo.

Cuando llegues a casa, en recogimiento contigo mism@, prepara colores, lápiz, goma. Deja que surja en tu cuaderno la energía femenina de la Tierra en esa zona. Crea. Déjate llevar. Solamente necesitas la intención de captarla con tu visión interna. Permite que tus manos ejecuten su figura.

Tomamos contacto con estos seres sin darnos cuenta. Permite que te transmitan amor por la Tierra.

Experiencia

Junio

---

9 Lunes

---

10 Martes

---

11 Miércoles

---

12 Jueves

---

13 Viernes

Junio

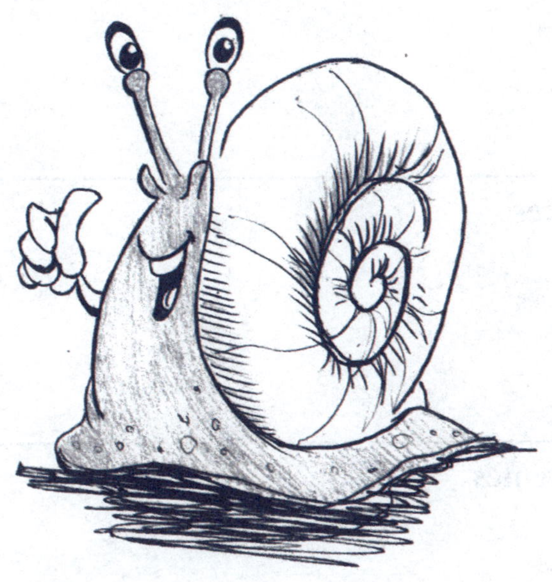

«Sonríe, respira y ve lentamente».
Thi Mat Hanh

14 Sábado

15 Domingo

Junio

16 Lunes

17 Martes

18 Miércoles

19 Jueves

20 Viernes

«Una flor no piensa en competir con la flor
que está a su lado, sólo florece».
ZEN SHIM

---

21 Sábado

---

22 Domingo

Junio

23 Lunes

24 Martes

25 Miércoles

26 Jueves

27 Viernes

Junio

«Quien ha aprendido a escuchar a los árboles ya no desea ser un árbol.
No desea ser más que lo que es».
Hermann Hesse

28 Sábado

29 Domingo

Anota tus sensaciones:

Trimestre III

Rituales

¡Esta Agenda sí que es mágica! Los temas han ido llegando a mí para poder acompañarte en este año y el tema que te propongo en este trimestre no se queda atrás.

¿Qué es un ritual?

Es cualquier forma de trabajo espiritual, magia, fiesta oración, mantra que se organiza y se realiza con un propósito.

Sé que tienes ahora mismo un montón de preguntas, deja que el tema se desarrolle y tú mism@ llegarás a la respuesta.

El ritual abarca, por ejemplo, desde los actos automatizados que hacemos antes de ir a dormir (desmaquillarte, lavarte los dientes…) hasta los rituales sociales (bautizos, comuniones, bodas en que nos reunimos para acoger, abrazar y empujar una nueva vida, una nueva unión, o una despedida de un ser querido en su salto cuántico).

El poder de los rituales es la intención que ponemos en ellos y son importantes para darle sentido a nuestra vida. Muchos de ellos nos unen a un colectivo, a una tribu…, pero, a la vez, refuerzan nuestra individualidad a través de una comunidad que nos acoge y acompaña.

¿Cómo podemos utilizar a nivel personal el poder del ritual? Podemos crear nuestros ritos personales para incrementar nuestra confianza, para ayudar a nuestros hijos, a nuestros padres, para ayudar a aquella amiga que tenemos lejos. Si además juntamos nuestro enfoque con el de otras personas, generaremos la magia de la intención, que no es más que la oración misma.

- Cuando los niños abandonan la infancia, hacen la comunión.

- Cuando se convierten en jóvenes, la confirmación.

- Ahora un ritual social que se está instaurando es la fiesta de la mayoría de edad. Nuestra sociedad religiosa y laica está llena de ritos. Imagina que cada uno de esos rituales cierra una etapa y abre otra.

Así pues durante todo este trimestre, veremos diferentes rituales que te ayudarán en tu día a día y para ello hay que poner el foco en los rituales que resuenen en ti.

A lo largo del trimestre, descubrirás lo que has creado y le podrás sacar más partido.

Apasionante, ¿no?

Junio / Julio

30 Lunes

---

1 Martes

---

2 Miércoles

---

3 Jueves

---

4 Viernes

Julio

«¿Qué es un rito?», preguntó el principito.
«Es también algo demasiado olvidado –respondió el zorro–.
Es lo que hace que un día sea diferente a otro».
Antoine de Saint-Exupéry

5 **Sábado**

6 **Domingo**

7 Lunes

8 Martes

9 Miércoles

10 Jueves

11 Viernes

Julio

«Soy sistemática pero no tengo rituales, me sujeto el pelo,
me pongo mis *jeans* viejos, ¡y a escribir!».
María Dueñas

12 Sábado

13 Domingo

Julio

---

14 Lunes

---

15 Martes

---

16 Miércoles

---

17 Jueves

---

18 Viernes

«Me llevó un tiempo pero, por fin, comprendí un día
que los rituales tontos te ayudan a vivir».
ANNA GAVALOLA

19 Sábado

20 Domingo

Julio

---

21 Lunes

---

22 Martes

---

23 Miércoles

---

24 Jueves

---

25 Viernes

Julio

«No hay nada malo en los rituales, de hecho, se inventaron para hacer más llevaderos los momentos difíciles, delicados».
J. M. Coetzee

---

26 Sábado

---

27 Domingo

Reflexiones / Actividades / Ritos

Cuando era joven no era nada ritualista, pero con el tiempo descubrí que no serlo me planteaba serios problemas, olvidos que repercutían en mi vida cotidiana complicándomela y entorpeciendo aquellos proyectos que quería llevar a cabo.

Así es que, poco a poco, he ido conformando mis ritos, pero hay uno que realizo cada día 1 de mes y que te regalo.

Previo. Para realizarlo debes haber limpiado y despejado de estorbos el recibidor de tu casa con amor, poniendo el foco en que nada dificulte el paso de la energía ni el tuyo.

Rito. Coges un puñado de canela en polvo, lo pones en el hueco de tus manos. Luego, te diriges a la puerta de entrada, la abres y, de espaldas a tu rellano y con la intención de que entre la energía en tu hogar, soplas el polvo de canela.

Yo tengo mis propias frases para realizar este ritual, pero puedes emplear otras con la que te sientas más afín:

«La abundancia material y espiritual entran en mi vida».

«Estoy bien y a salvo, la abundancia material y espiritual colman mi vida».

Te dejo unas líneas para que escribas otras que te puedan agradar. Ya sabes: el día 1 de cada mes.

¡Que la magia y el hechizo te acompañen!

28 Lunes

29 Martes

30 Miércoles

31 Jueves

1 Viernes

Agosto

«Leer es un ritual que implica gestos, posturas, objetos,
espacio, materiales, movimientos, modulaciones en la luz».
IRENE VALLEJO

---

2 Sábado

---

3 Domingo

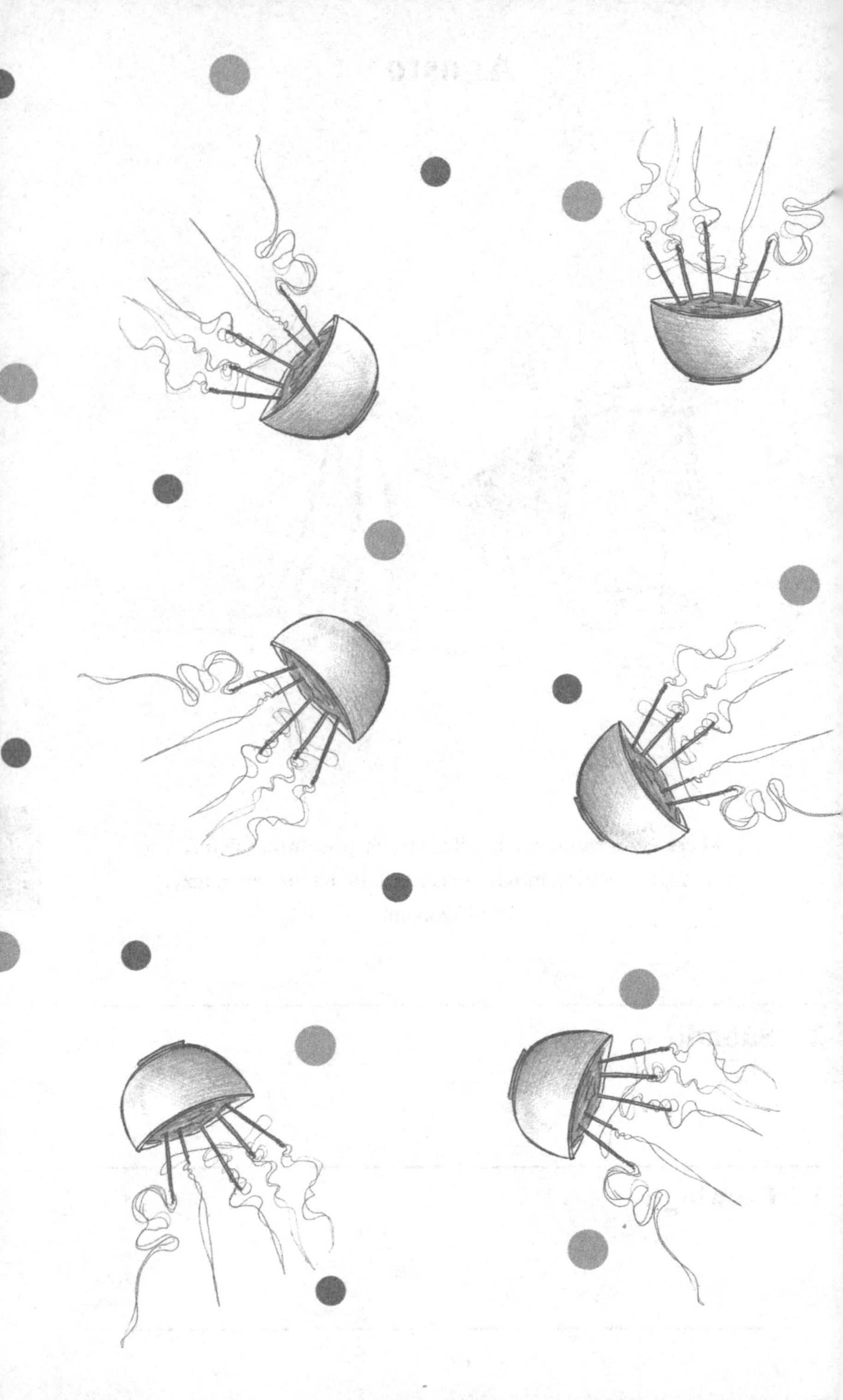

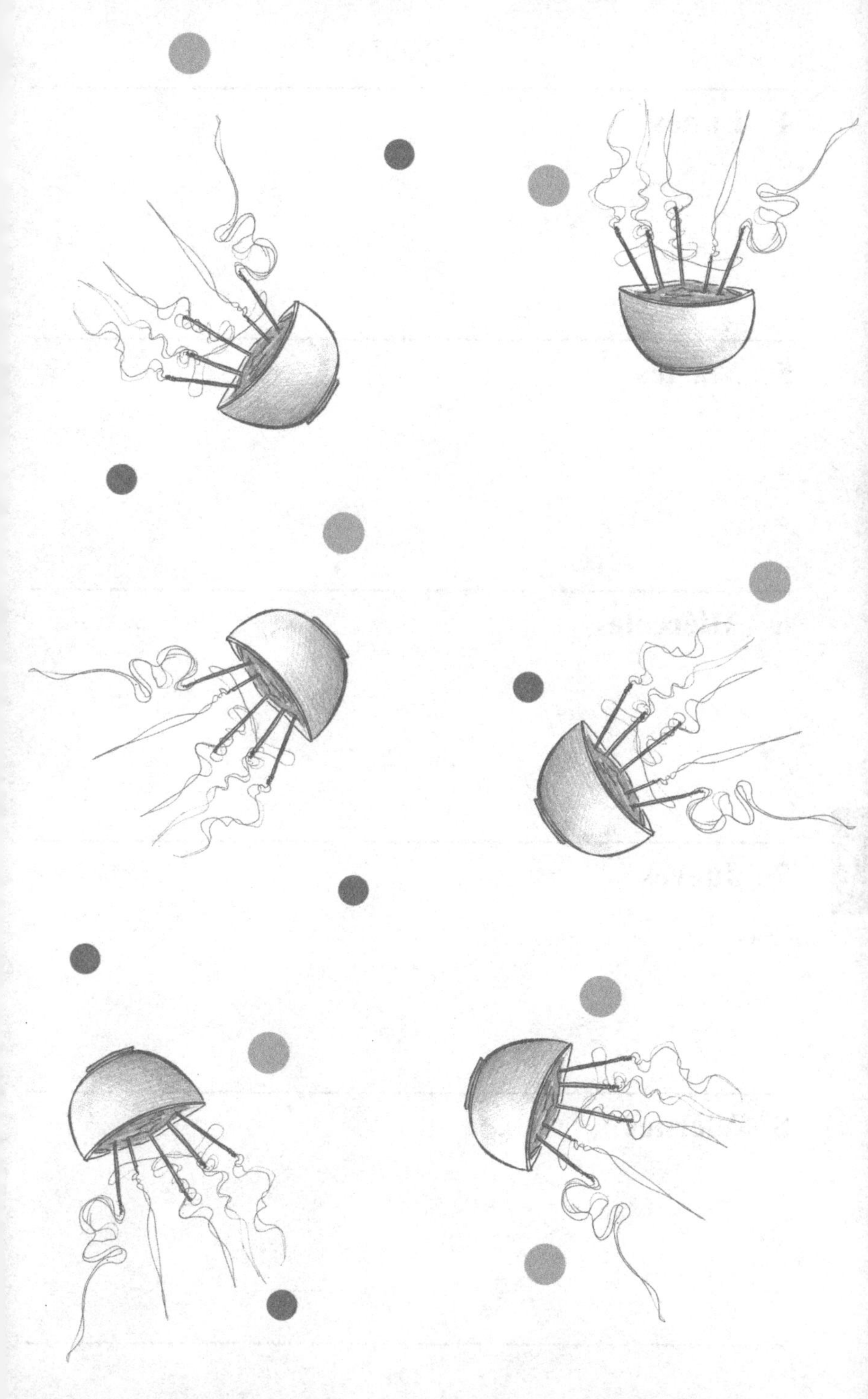

Agosto

4   Lunes

5   Martes

6   Miércoles

7   Jueves

8   Viernes

«El palo santo limpia todo tu espacio,
si te ahúmas también te sentirás bien».
MAITE CORROTO

---

9 Sábado

---

10 Domingo

Agosto

11 Lunes

12 Martes

13 Miércoles

14 Jueves

15 Viernes

«¿Dónde se encuentra la belleza? ¿En las grandes cosas, que, como las demás, están condenadas a morir, o en las pequeñas, que sin pretensiones saben engastar en el instante una gema de infinitud?».

MURIEL BARBERY

16 Sábado

17 Domingo

Agosto

18 Lunes

19 Martes

20 Miércoles

21 Jueves

22 Viernes

«Nos faltan rituales en este mundo moderno».
ELIZABETH McGOVERN

23 Sábado

24 Domingo

25 Lunes

26 Martes

27 Miércoles

28 Jueves

29 Viernes

Agosto

«En cuanto abras los ojos a un nuevo día,
da las gracias tres veces y tu vida cambiará».
MAITE CORROTO

30 Sábado

31 Domingo

Ritos

Hay uno de ellos que no puede faltar en tu vida, el sahumar.

La energía densa es pegajosa y tiende a almacenarse en las esquinas y, en ocasiones, nosotr@s mism@s nos ponemos en modo denso, porque estamos preocupados, no nos sentimos bien o se nos ha pegado la negatividad de alguien.

Sahumar tu hogar y bendecirlo presenta muchos beneficios. Entre otras opciones, puedes utilizar incienso artesanal o un «hatillo» de hierbas elaborado por ti mism@.

Para ello necesitarás:

• Una rama de romero.

• Tomillo.

• Un par de hojas de laurel.

• Cordel.

Junta las ramas de romero y las de tomillo. Únelas con dos hojas de laurel y envuélvelas con una cuerda finita y préndelo.

Éste es un ritual poderosísimo. Si las hierbas son frescas, se irá apagando, vuélvelo a encender y aprovecha su humo. También puedes hacer varios «hatillos» y dejar que se sequen. Pásalo por todas las estancias de tu hogar y acompáñalo con tu foco e intención para que limpie y purifique tu hogar. También lo puedes acompañar de frases apropiadas para este fin. Mantén el objetivo presente con tu intención.

Septiembre

1 Lunes

2 Martes

3 Miércoles

4 Jueves

5 Viernes

Septiembre

«Ritual de la ducha: Cuando entres en la ducha, visualiza
que el agua te aporta energía positiva (la puedes visualizar de un color).
Limpia tu campo de energía, rodeándote y protegiéndote para todo el día».
Maite Corroto

---

6 **Sábado**

---

7 **Domingo**

Septiembre

8 Lunes

9 Martes

10 Miércoles

11 Jueves

12 Viernes

«Ritual del desayuno: Bendice y pon la intención de cargar de energía positiva (o Reiki) tus alimentos para que durante el día no te falte empuje».
MAITE CORROTO

13 Sábado

14 Domingo

Septiembre

15 Lunes

16 Martes

17 Miércoles

18 Jueves

19 Viernes

Septiembre

«Ritual de las llaves: Cada vez que abras puertas con ellas durante el día,
imagina y visualiza que se abren las puertas de tus deseos,
tus anhelos, tus éxitos».
MAITE CORROTO

20 Sábado

21 Domingo

22 Lunes

23 Martes

24 Miércoles

25 Jueves

26 Viernes

Septiembre

«El momento del café es fantástico. Para mí es todo un ritual».
Chenoa

27 Sábado

28 Domingo

Talismán vs. amuleto

No es lo mismo un amuleto que un talismán.

Un amuleto es un pequeño objeto que por sí solo ya tiene poder y que atrae la suerte y la fortuna, protegiéndonos. Un talismán está destinado y creado para una persona en concreto, con un propósito energético determinado. Ambos se llevan encima, pegados a nuestro pecho, en un bolsillo o en un bolso.

Yo recomiendo llevarlos cerca del corazón para que su palpitar amplifique su efecto.

- ¿Cómo podemos cargarlos?
- ¿Qué podemos utilizar?
- ¿Qué duración tienen?
- ¿Recargarlos?
- ¿Qué podemos poner: símbolos, runas…?
- ¿Qué materiales?

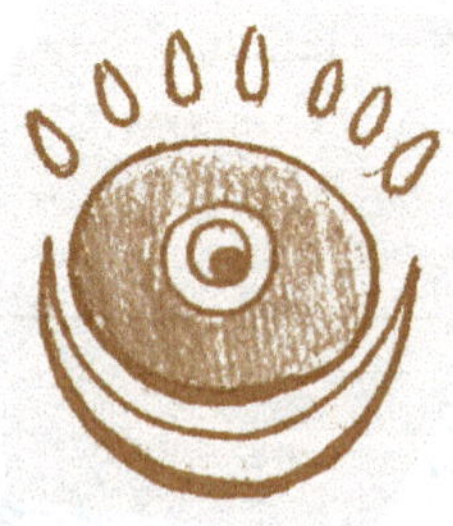

Para que funcione, la fuerza del talismán debe estar en sintonía con el univer-so. Los símbolos pueden ser de lo más variado, en función de tus creencias o aficiones, símbolos planetarios, zodíaco o sellos espirituales.

Si te interesan estas preguntas, descárgate este QR, te proporcionará suge-rencias.

____

____

____

____

____

____

____

____

____

____

____

____

Trimestre IV

Recopilación

¿Has trabajado tu magia? Si lo has hecho, te darás cuenta de que la vida es diferente porque, como dice el proverbio saharaui: «Todos los ojos tienen la misma forma, pero no la misma visión».

Espero que los trimestres ya pasados sean una fuente de inspiración para ti, que te ayuden a valorar y observar la vida desde otros puntos de vista y, sobre todo, que mantengan tu nivel de ingenio diario al máximo. Ya sabes que la inspiración va de dentro afuera y es la causa por la cual no decae tu interés en tus propósitos.

Se habla mucho de la importancia de la motivación, pero cabría destacar que es algo ajeno a nosotr@s y que, además, necesitamos un «motivador» que realice un trabajo impecable, porque toda la responsabilidad recae sobre él, es decir fuera de nuestro centro, de nosotr@s. Por todo ello, la gestión también es ajena. ¿Quieres delegar tu poder? ¿Quieres delegar tu capacidad de crear, de avanzar, de evolucionar a alguien que no seas tú? Si no has pensado en ello, te recomiendo que lo hagas, porque cada persona debería ser capaz de buscar y encontrar sus propios tempos. Nadie mejor que tú te puede entender, saber cómo funcionas, tus resistencias, fortalezas…, y por ese motivo te animo a que te inspires, a que permitas que tu voz te hable y la escuches sin temor, prestándole la atención que te mereces y confiando en ti, en tu visión como te decía al principio, entre otras cosas porque eso es lo que te caracteriza, lo que te hace únic@.

Así pues, encaramos el último trimestre del año creyendo en nuestra propia magia, en nuestra propia voz y poniendo en práctica toda la inspiración en funcionamiento.

¡Vamos allá!

29 Lunes

30 Martes

1   Miércoles

2   Jueves

3   Viernes

«A nadie le faltan fuerzas, lo que a muchos les falta es voluntad».
VICTOR HUGO

4 Sábado

5 Domingo

Octubre

6 Lunes

7 Martes

8 Miércoles

9 Jueves

10 Viernes

«La voluntad es lo que da valor a las cosas pequeñas».
Séneca

11 Sábado

12 Domingo

Octubre

13 Lunes

14 Martes

15 Miércoles

16 Jueves

17 Viernes

«El futuro pertenece a quienes creen
en la belleza de sus sueños».
Eleanor Roosevelt

---

18 Sábado

---

19 Domingo

Octubre

20 Lunes

21 Martes

22 Miércoles

23 Jueves

24 Viernes

«Un verdadero espíritu de rebeldía
es aquel que busca la felicidad en esta vida».
Henrik Ibsen

---

25 Sábado

---

26 Domingo

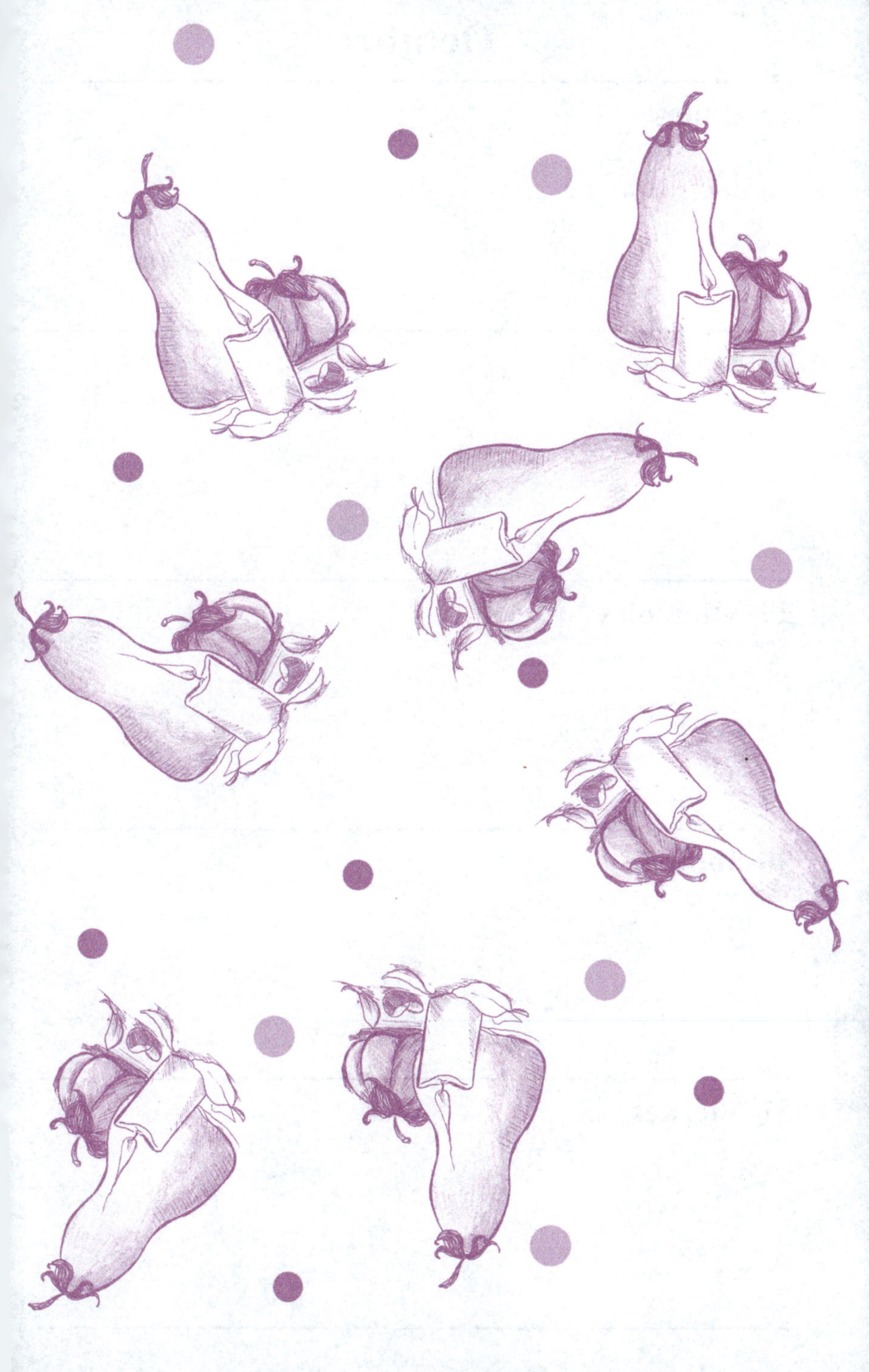

27 Lunes

28 Martes

29 Miércoles

30 Jueves

31 Viernes

Noviembre

(Rito de Todos los Santos)
«Haz tu propio altar con aquellos que ya no están físicamente y amas.
Ponles unas calabazas, unas castañas y agradece todo lo que compartiste
con ellos y te enseñaron. Es un placer haber compartido la vida con ellos».
MAITE CORROTO

---

1 **Sábado**

---

2 **Domingo**

---

3 Lunes

4 Martes

5 Miércoles

6 Jueves

7 Viernes

Noviembre

«Si quieres miel, no des puntapiés sobre la colmena».
PROVERBIO AMERICANO

---

8 Sábado

---

9 Domingo

---

10 Lunes

11 Martes

12 Miércoles

13 Jueves

14 Viernes

Noviembre

«¡Ojalá vivas todos los días de tu vida!».
JONATHAN SWIFT

15 Sábado

16 Domingo

Noviembre

17 Lunes

18 Martes

19 Miércoles

20 Jueves

21 Viernes

Noviembre

«La magia la hacen las personas,
los lugares son cómplices del momento».
DANNS VEGA

22 Sábado

23 Domingo

Noviembre

24 Lunes

25 Martes

26 Miércoles

27 Jueves

28 Viernes

Noviembre

«Hay personas con las que simplemente eres. Y qué magia».
DIARIO DE REFLEXIÓN

---

29 Sábado

---

30 Domingo

Diciembre

1 Lunes

2 Martes

3 Miércoles

4 Jueves

5 Viernes

Diciembre

«Quien tiene magia, no necesita trucos».

DE GENIOS POETAS Y LOCOS

---

6 **Sábado**

---

7 **Domingo**

---

8 Lunes

9 Martes

10 Miércoles

11 Jueves

12 Viernes

Diciembre

«No dejes que nadie defina tus límites.
El único límite es tu alma».
Ratatouille

13 Sábado

14 Domingo

Comunidad de Findhorn (Reino Unido)

En 1962 Peter y Eileen Caddy y Dorothy Maclean fundaron esta comunidad. Los tres se quedaron sin trabajo (todos trabajaban en el mismo lugar) y se fueron a vivir con sus familias a un *parking* de caravanas en el pueblo de Findhorn. Como su situación económica era muy precaria, empezaron a cultivar su propia huerta, en una tierra arenosa, sin calidad para plantar en las *highlands* escocesas.

Ellos tenían una fuerte conexión espiritual con la Tierra y con la naturaleza en general y con esa convicción iniciaron su aventura.

Lograron cultivar plantas, hortalizas, hierbas y flores. Sus coles llegaron a alcanzar 18 kilos, lo cual les proporcionó mucha popularidad en su entorno. La voz corrió y los habitantes del lugar se presentaban en busca de su secreto, ya que ellos no habían logrado semejantes cultivos. Poco a poco se fue uniendo gente, con lo que su compromiso y respeto de vivir en armonía con la naturaleza acompañada de una profunda espiritualidad fue creciendo.

En 1970 se unieron al grupo un maestro espiritual, David Spangler, y Myrtle Glines. Ambos definieron y organizaron unos estudios espirituales y así se estableció el programa de aprendizaje y formación en The Park. En la actualidad, cuentan con 300 miembros que residen en esta comunidad de forma permanente. Es la ecoaldea más grande del mundo que despierta el interés de mucha gente por aprender de ellos.

¿Te resulta inspirador?

¿Es magia?

Sugerencia

Iníciate en el cuidado de las pequeñas plantas en tu hogar. Descubrirás hasta qué punto son agradecidas y todo lo que te pueden enseñar. Todo es espiritual, magia.

La magia lo es todo o nada, depende de la mirada de cada uno.

¿Nunca has oído decir: «¡Tiene una mano para las plantas!»?

Todos somos seres mágicos. Puedes hacer que aparezca la magia o todo lo contrario con tu forma de hacer las cosas, con tu forma de poner pasión en todo aquello que haces, amando, compartiendo, perdonando y dejando que los demás hagan su vida en función de ell@s mism@s.

Descarga el QR, así reflexionaremos junt@s y creceremos acompañándonos.

Después de ver el QR, reflexionaremos sobre:

Coherencia/oportunidad

—¿Te ha ayudado esta historia?

—¿Crees que es el orgullo lo que nos impide realizar cambios?

—¿Crees que eres feliz cuando careces de empatía?

Hay actitudes que nos construyen y otras que detienen nuestro avance.

Diciembre

15 Lunes

16 Martes

17 Miércoles

18 Jueves

19 Viernes

Diciembre

«¿Por qué tratas tanto de encajar,
cuando naciste para destacar?».
DR. SEUSS

20 Sábado

21 Domingo

Diciembre

22 Lunes

23 Martes

24 Miércoles

25 Jueves

26 Viernes

«En el jardín de la memoria y el palacio de los sueños,
ahí es donde nos vemos».

SOMBRERERO LOCO (*ALICIA EN EL PAÍS DE LAS MARAVILLAS*)

27 Sábado

28 Domingo

FELIZ AÑO NUEVO
FELIZ AÑO NUEVO
FELIZ AÑO NUEVO
FELIZ AÑO NUEVO
FELIZ AÑO NUEVO
FELIZ AÑO NUEVO

29 Lunes

30 Martes

31 Miércoles

1 Jueves

2 Viernes

Enero 2026

«¿Quieres algo? Entonces, ve y haz que pase,
porque la única cosa que cae del cielo es la lluvia».
Maite Corroto

3 Sábado

4 Domingo

Despedida

De corazón espero que esta Agenda te haya reconectado, y haya despertado en ti toda tu magia:

La magia de tus palabras.

La magia de tu AMOR.

La magia de tu vibración.

La magia de tu mirada.

La magia de tu fe.

La magia de tu voluntad.

La magia de tu vida…

Recuerda, tod@s estamos conectad@s a través de la magia de la vida.

Cree en ti y en las fuerzas que puedes mover a tu alrededor. Deja que tu mirada se impregne de los prodigios que te rodean y abre bien los ojos para verlos.

Un abrazo lleno de agradecimiento por comprar la Agenda, hablar de ella, regalarla y, en definitiva, contribuir a que su magia envuelva a más personas que quizá la necesiten.

Feliz Navidad y un próximo año lleno de bendiciones.

Siempre tuya,
MAITE CORROTO

Recopilación de experiencias y avances del año

Recopilación de experiencias y avances del año

Notas

Notas

Recuerda

¡Las manos hablan de ti!

Índice

Cuaderno para trabajar tu timidez

Los olvidados y malinterpretados tímidos… Éste es un cuaderno que, sin duda, les ayudará a conocerse mejor y a trabajar con una buena gestión, para que la timidez deje de ser un problema.

Ambos, al igual que la *Agenda del Reiki* son de Ediciones Obelisco, su editorial de cabecera.

La Agenda, que elabora año tras año, es su voz y puesta en común más activa. En ella aboca sus experiencias, descubrimientos y su amor por acompañar e inspirar a todos aquellos que la tengan.

Licenciada en Ciencias Sociales, Maite es maestra de Reiki Usui y Reiki Karuna, rayos de color, aromaterapeuta, *coach*, PNL, aura soma, quiromasajista, dietista y comunicadora, porque ésa es su misión.

Puedes contactar con ella o seguirla en:
www.twitter.com/@MaiteCorroto
www.facebook.com//maitecorroto
www.instagram.com//@maitecorroto
m.corroto@hotmail.com

La autora

Maite sigue en su proceso de formación/observación/vida, explorando y convirtiéndose en esencia lentamente.

Colabora en ocasiones dando charlas de diferentes temas, en los que sigue interesada dispuesta a compartir.

Dándole vida a la vida, saboreándola y trabajando sin cuartel en el aquí y ahora.

Maite se ha embarcado en un proyecto de creación importante que espera vea la luz en el plazo máximo de dos años, y del cual seguro os llegarán sus ecos.

Sus obras que podéis adquirir y consultar son:

Cuaderno para vivir la menopausia cómodamente

Una ayuda inestimable para iniciar los cambios que acompañan a toda mujer, reivindicándola con otros códigos, otras necesidades que se deben tener en cuenta. El *Cuaderno…*, sin duda, es un paso básico que te ayudará.

Nombre:

Dirección, ciudad, código postal:

Teléfono particular: Móvil:

Correo electrónico:

Nombre:

Dirección, ciudad, código postal:

Teléfono particular: Móvil:

Correo electrónico:

Nombre:

Dirección, ciudad, código postal:

Teléfono particular: Móvil:

Correo electrónico:

Nombre:

Dirección, ciudad, código postal:

Teléfono particular: Móvil:

Correo electrónico:

Nombre:

Dirección, ciudad, código postal:

Teléfono particular: Móvil:

Correo electrónico:

Nombre:

Dirección, ciudad, código postal:

Teléfono particular: Móvil:

Correo electrónico:

Direcciones útiles

Nombre:

Dirección, ciudad, código postal:

Teléfono particular: **Móvil:**

Correo electrónico:

Nombre:

Dirección, ciudad, código postal:

Teléfono particular: **Móvil:**

Correo electrónico:

Nombre:

Dirección, ciudad, código postal:

Teléfono particular: **Móvil:**

Correo electrónico:

Nombre:

Dirección, ciudad, código postal:

Teléfono particular: **Móvil:**

Correo electrónico:

Nombre:

Dirección, ciudad, código postal:

Teléfono particular: **Móvil:**

Correo electrónico: